U0009933

# 論真實

## ON TRUTH

Harry G. Frankfurt

要合乎本性生活，
為什麼在乎真實這麼重要？

哈里・法蘭克福 ——— 著　　唐澄暐 ——— 譯

還是寫給瓊安

畢竟，這是她的點子

# 目錄

# 引言

　　沒多久之前，我出版了一本關於屁話的論文，書名是《放屁：名利雙收的詭話》（*On Bullshit*，2005）。書中，我對屁話的概念提出了初步分析；也就是說，我具體說明了我認為要正確運用這概念的必要充分條件。我主張，講屁話的人儘管表現出「單純傳達資訊」的模樣，實際上卻完全沒有參與這種行動。相反地，他們打從根本就是假冒的騙子，企圖用其言語來操弄聽者的意見和態度。因此，他們最在乎的是自己說的話是否有效達到這種操弄。

也因此，對於所言是真是假，他們多少就有些不在乎。

在那本書裡，我也談了其他幾個問題。我探討了屁話和謊言的差異，儘管這至關重要，卻總是放著未做解釋。我也試著對「屁話為何在我們的文化中如此流行且頑強持久」提出幾個建議。我主張，講屁話在不知不覺中對文明生活的行為所造成的威脅，其實勝過了說謊。

當時看來，寫到那樣似乎就夠了。然而，我後來才察覺到，自己這本書完全沒留意到一個討論屁話時必定要處理的問題。在書中，我做了一個重要假設，並且漫不經心地假定大部分讀者都有這個想法，那就是「不在乎真實」這種特質是人們不想要、甚至會去指責的對象，因此人們會避免講屁話並加以譴責。但我

完全忘記了要提供像是「周詳且有說服力的解釋」之類的東西——真的，我根本完全忘了做解釋——來說明真實為什麼真有那麼重要，或者我們為什麼非得特別去在乎真實。

　　換句話說，我沒能夠解釋，為何我主張的屁話之獨有特質，也就是忽視真實，會這麼糟糕。當然，大多數人確實有察覺到真實的重要性，也多少願意承認這一點。然而，只有少數人準備好要來闡明「到底是哪一點讓真實如此重要」。

　　我們都知道，我們的社會不斷被灌入大量的屁話、謊言和其他各種不實言論與詐欺，其中有些是故意為之，有些只是碰巧發生。但不知為何，這樣的重荷顯然沒有癱瘓我們的文明（至少目前還沒有）。有些人可能會信心滿滿

地認為，這代表真實根本沒那麼重要，而我們也沒有什麼特別要緊的理由得去在乎真實。在我看來，那真是錯到可悲。因此，我在此提議，先別管我們平常是否在假裝認為真實很重要；而是來思考一下，真實在實踐和理論上真正享有的重要性（當作《放屁》的續作，或者當作一篇以《放屁》為緒論的探索）。

我的編輯（獨一無二不可或缺的喬治·安德列烏）為我指出了一個矛盾的情況：雖然沒有人察覺不出我們周圍充斥著大量屎話，但有不少人依舊頑固地不肯承認真實這東西可能存在（甚至連原則上有可能存在都不肯承認）。然而，我不會想在我的討論中，替「接受現實中真偽之間存在有意義差別的人」與「積極表達自己否定這種差別有道理、或否定這種真偽差別符合任何客觀現實的人（先別管他們這樣

做正不正確，也別管他們**怎麼可能會**是正確的）」之間剪不斷理還亂的辯論做出定論（至少不會使用直接對立的爭論或分析）。那種辯論恐怕永遠都不會獲得最終解決，而且一般來說，解決了也不會獲得什麼回報。

　　無論如何，即使是那些聲稱否定真偽差別的正當性或是否定客觀現實中存在真偽差別的人，仍會面不改色地堅稱，這種否定是他們**真心認可**的立場。他們堅稱，自己這番反對真偽差別的陳述，是一種無條件必為**真實**的陳述，而不是**虛假的**陳述。他們宣讀自身信條時，在表面證供上就出現的不一致，使得他們無法精確解釋他們到底要否定什麼。這也足以讓我們想想，我們要多認真看待他們這種「真偽間產生不出有客觀意義或有價值的差別」的主張。

我也準備要迴避每當人們力圖**定義**真實和虛假概念時，就會出來礙事的那種令人生畏的複雜性。這應該又是一項使人喪氣又無謂分神的工作。所以我就在此把人們大致上普遍接受、用來瞭解這些概念的常識方法視為理所當然。我們都知道，「陳述我們熟悉的各種事物之真相」指的是什麼意思——舉例來說，陳述我們的姓名和地址是什麼意思。此外，我們也同樣清楚，為這些事物給出假的描述是什麼意思。我們都很清楚要怎麼說這些事物的謊。

因此，我會假定說，讀者們已經自然習慣這種在哲學上對真偽間差異很單純、很樸實的常識認知。他們可能沒辦法以無懈可擊的正確性和嚴謹的精準度來定義這些概念。然而，我會理所當然地認定，讀者們多多少少能明智且有自信地保有這種常識認知。

還有一件事。我的討論只會和**真實**的價值及重要性有關，完全不涉及「**我們尋找真實所付出的心力**」和「**我們尋找真實的歷程**」的價值或重要性。接受支持某個主張的證據確鑿、察覺到已不再有其他問題能去質疑某個主張是否為真，上述情況常常都帶有一種終極圓滿的成就感，有時候察覺到這情況甚至會讓人毛骨悚然。一個嚴謹的論證，會分明地解決所有與該主張相關而合理的不確定性；因此，所有抗拒接受該主張的行動都會自然消失。這真是令人自由暢快、耳目一新！這會讓我們擺脫疑心所帶來的焦慮和顧忌，讓我們可以不用再擔心該相信什麼。我們的心靈會變得更安定，終於得以放鬆而感到自信。

學者和科學家也多少熟悉這種經驗。許多非專業人士在執行日常業務時也常遇到這種情

況，而同樣熟悉這種經驗。在高中幾何學課堂
上，許多人藉由學習的引導，開始領略歐幾里
得定理那無懈可擊的主張，進而清楚**看出**這定
理已獲**終極證明**，過程中也獲得了這種經驗。

　　儘管這些經驗有普遍可得的愉悅，趣味和
價值也無可置疑，但我不會繼續討論下去。一
如我先前所說，我只會專注於「真實於我們有
何價值和重要性」。我不會關注我們在確立
何謂真實以及試圖發掘何謂真實的經驗中所
得到的價值或重要性。我的主旨不是探索的過
程，也不是探索圓滿成功的那一刻，而是探索
的目標。當起始約定和存疑意見都就位之後，
我們就開始吧。真實是不是某種我們實際上真
的（應該要）特別在乎的東西？還是說，許多
赫赫有名的思想家和作家所聲稱的「對真實的
愛」，其實只是另一種屁話的範例？

# I

## 後現代主義者

　　當我試著確切指出真實為何重要時，我心
中立即浮現的想法乍聽之下陳腐而沒指望，卻
不失貼切中肯。那想法即是，真實通常都有可
觀的實際效用。在我看來，任何意圖維持運作
的社會，就算運作得再差，都還是會對真實無
限多變的實用性有個穩當的評價。畢竟，一個
社會如果太不在乎真實，卻得在公共事務上找
出最適當的處理方式，那該怎麼做出有見識的
判斷和抉擇呢？一個社會若想成功實現目標並
慎重有效地處理問題，卻又沒有足夠的正確事
實，那它要怎麼繁盛甚至存活下去？

　　在我看來更顯而易見的是，較高階的文明
在報導事實時，必定會更加仰賴於對誠實與清
晰的尊重，以及下決定時對於事實的正確性更
加注重。而自然科學與社會科學就和處理公眾
事務一樣，除非小心維持這種尊重和注重，不

然就無法發展茁壯。這一點在實用藝術或純藝
術上也同樣成立。

　　講來奇怪，我們可說是活在一個「許多教
育水準偏高人士都認為真實一點也不值得尊
重」的時代。當然，人們都知道時事評論圈和
政客們多少會比較流行「以我行我素的態度面
對真實」；這一類人當中的佼佼者照慣例會盡
情恣意地生產屁話、謊言，以及他們隨便能想
到的其他偽冒詐欺手法。這不是什麼新鮮事，
而我們都已經習以為常。

　　不過，最近這種態度有一個類似版本——
或者可以說，一種更極端的版本——開始盛行
到令人不安的程度，甚至盛行於在人們天真
的想法中認定比較可靠的階層。在暢銷得獎作
家、大報寫手，以及至今仍備受尊敬的歷史學

家、傳記作家、回憶錄作家、文學理論家、小說家（甚至連人們可以合理相信他們比別人懂更多的哲學家）之間，都可以找到許多厚顏無恥、對真實的重要性（或是與此相關、對於「長久以來指責剽竊行徑」的重要性）抱持懷疑和犬儒論調的人。

這些無恥的常理反對者——他們之中有一群標竿人物自稱「後現代主義者」——叛逆且自以為是地否定任何客觀現實中存在著真實。因此，他們進而否定了人有義務要遵從或尊重真實。實際上，他們斷然拋棄了不只在「負責任的思考提問」上最基本、同時（表面上來看）也徹底無害的假設：那個假設就是，「何謂事實」是個有用的概念；或者說，「何謂事實」最少是個可以理解的概念。如果說事實和真實通常有權從我們這裡獲得遵從和尊重，後

現代主義者的看法則是，到頭來這種權利是誰都可以去拿的。他們堅持，這只是你們怎麼看事情的差別而已。

　　不用說，我們都常常會認真且有信心地把某些主張認定為真實，並把其他的當成虛假。但就算這種慣常做法已毋庸置疑地為眾人所普遍接受，後現代主義思想家還是不屈不撓。更令人驚訝的是，不知怎麼地，即便這種慣常做法通常能產出價值不斐的成果，他們也不會為此感到挫敗。後現代主義者會有這種滴水難穿的固執，是因為根據他們的思路，我們在真偽之間做出的區隔，終究只是被我們個別的觀點所引導，因此其客觀上的不可置疑度和權威可信度也就不過爾爾。或者，從他們教條的另一種變體來看的話，發號施令的其實也不怎麼是那些個人觀點；發號施令的更會是那些**施加於**

我們全體的束縛，若不是由嚴苛的經濟和政治
需求來下令，就是由我們社會裡風行草偃的習
俗所下令。後現代主義者特別仰賴的要點不過
是：一個人**自認的**「真實」，要嘛是個人觀點
所產生的一種功能，要嘛就是由那人受盡難以
逃脫的複雜社會壓力**逼迫後認為**真實的概念所
決定。

這論點讓我印象深刻，不只在於太過信口
開河，也因為太過愚鈍。不管後現代主義者或
者哪個誰怎麼說，（好比說）工程師或建築師
都還是毫無疑問地得要盡全力達到真正的客觀
（有時還真的達到了）。這些人裡面有不少十
分熟練於評估計畫實行時的根本障礙，也很會
評估他們手頭上能用來處理這些障礙的資源，
而且還有普遍可靠的準確度。他們對設計和建
設執行時進行的謹慎測量，完全不能看似合理

地想成是受到「仰賴個人觀點所意味的浮動變化和無心且難以預測的變化」所控制；也絕不能看似合理地覺得它們是受到「社會規範與禁忌頻繁的反覆無常和不恰當的要求」所控制。這些測量顯然一定要精準，而且精準還不夠。測量行動不管是在何種條件和他們的哪種觀點下，都必須要穩定，而且正確。

假設一座橋在普通的應力下崩塌了。我們能從中知道什麼？最少，我們會從中知道，設計那座橋或者蓋那座橋的人犯了嚴重的錯誤。很顯然地，我們會知道，他們在處理眼前問題時所採用的解決方法，至少有某部分悲慘地不正確。

當然，醫學也同樣適用於此。醫師得要努力做出完好判斷來解決病痛的傷害。因此，他

們得知道哪種藥和哪種療程的預期效果；他們
需要知道什麼東西實際上可能沒效，也得知道
什麼有可能造成傷害。

　　精神正常的人都不會仰賴一個不在乎真實
的建築者，或者讓一個不在乎真實的醫師照料
自己的疾病。甚至連作家、藝術家和音樂家都
得要知道怎麼（按他們的道理）把東西弄對。
他們至少一定要避免自己錯得太離譜。在他們
的創作過程中，他們總會遇上重大問題——好
比說技術和風格的問題。有幾種解決這類問題
的方法顯然比其他來得好。或許，不管面對的
是什麼問題，都沒有哪一種方法能說是唯一且
無可辯駁地正確。不過，許多其他方法擺明了
就是不正確。的確，其中有些方法可以立刻且
毫無爭議地被認定為糟糕透頂。

在所有這些脈絡中，把事情弄對和把事情搞錯有著明確的差異，也因此真偽之間也就有著明確差異。的確，不時就會有人主張，碰到歷史分析和社會評論時情況不一樣，評價人物和分析評論政策時尤其如此。通常支持這種主張的論點是，評價者的個人境遇和態度，總是強烈影響這些評價，也因此我們不能期盼歷史或社會評論作品能嚴謹地做到公正客觀。

不得不承認，人無法逃避這些問題裡的主觀因素。不過，如果現在談的是詮釋（好比說）「嚴謹的歷史學家應該會呈現的事實」時產生的差異幅度，那麼「承認主觀因素無法避免」的這句話所能指出的意義就十分有限。現實一旦到了某個層面，即便最膽敢沉溺於主觀——或者因為最懶惰而沉溺於主觀——的人都不敢造次。當有人請喬治·克里蒙梭

（Georges Clemenceau）預測未來歷史學家會
怎麼談一次世界大戰時，他那句著名的回應中
所表現的就是這樣的精神：「他們總不會說比
利時入侵德國吧。」

# II

# 事實 vs. 真實

　　然而，許多人還是想說服自己——有時候
還很沾沾自喜——說，規範性（換句話說，評
價性）判斷**既**沒辦法正確地看作是真實，**也**沒
辦法正確地看成是虛假。他們的看法是，那一
類的判斷實際上並沒有產生任何事實——換言
之，沒產生任何**會**是正確或不正確的主張。他
們反而相信，這種判斷只是表達他們（嚴格來
說就是）**既非**真實**也非**虛假的個人感受和態度
罷了。

　　OK。就假定我們承認這說法好了。即便
如此，依然很明顯的一點是，人若要選擇接受
或反駁一個評價判斷，就還是得要仰賴本身已
直接明白的其他非規範性判斷——換句話說，
要仰賴事實陳述。因此，除非以「描述了此人
行為之實例、且看似能提供確鑿證據證明其道
德不足的事實陳述」為基礎，否則我們不能自

行合理判定某個人的道德品格不良。此外，關於此人行為的事實陳述也得要為真，而我們從陳述導出評價性判斷的這段推論，也必須要確鑿並合理。否則，不管是陳述還是推理，都無法有效幫助我們證明結論是正當的，如此也完全無法證明根據它們所作的評價的合理性。

所以，對於我們進行評價性判斷或規範性判斷所作出的評價來說，「什麼是真」與「什麼是假」的區別還是至為關鍵，即便人們都認為真偽區別並不直接適用於那些判斷本身，這種區別也還是一樣極其關鍵。我們或許可以承認（如果我們覺得這樣承認很明智的話），我們所做的評價既非真也非假，但我們卻不能承認，打算用來支持那些評價的事實陳述或推論，也具有這種不真不假的特質。

同樣地，當我們要解釋自己選擇並動手追求的目的和目標，並賦予其正當性的時候，事實陳述也不可或缺。當然，許多思想家根本就不認為能以理性來證明我們對目的和目標（至少包含那些不只是因為具有「幫助我們達到更終極目標」的工具價值而被選上的目的和目標）的選擇有正當性。他們反而堅持，我們只是碰巧「覺得應該」或「心裡想要」採用某些目的和目標。

然而，確實很明顯的是，大部分情況下我們之所以會選擇我們想要、我們所愛的目標，並投身於那個目標，是出於我們對它們的信念——舉例來說，那些目標會增加我們的財富或保護我們的健康，或者那些目標會以其他方式為我們的利益服務。因此，當我們要解釋自己為何選擇某個目標去付出，以及要賦予這種

行動正當性的時候，我們所仰賴的「事實陳述
的真或假」，不可避免地和我們的態度及抉擇
中的理性相關。我們得要知道自己把各種事實
性判斷視為真實時有沒有正當理由，不然我們
就無從得知自己產生感受、做出選擇時有沒有
道理可言。

　　出於這些理由，沒有哪個社會經得起鄙視
真實或不尊重真實。然而，社會若只是到頭來
才承認真偽這概念既正當且重要，那也還是不
夠。在此之外，社會也不能忘了去鼓勵、去支
援那些有能力而奉獻心力以取得重要真實並將
其善用的人。另外，不管人們偶爾靠著講屁
話、粉飾太平或撒謊能得到什麼好處和獎勵，
社會也不能冒著風險，去寬容任何馬虎對待真
偽差別的人事物，更不能沉溺於「對事實抱持
真誠，遠不及『對自我真誠』來得重要」這種

不正當且自我陶醉的託詞。這種態度天生就與
正當有序的社會生活相對立。

　　社會若像上面那樣魯莽又死性不改地輕忽
行事，就注定要衰落，最少也會導致文化停
滯。這種社會必然達不到什麼顯著成就，甚至
連自己一貫的保守目標都達不到。**從來沒有哪
個文明可以在缺乏大量可靠事實資訊的情況下
健康存活，未來也不會有。**文明如果飽受**錯誤
認知**的侵擾，也沒辦法繁盛。若要興起進步
文明並使其延續，我們就得避免被錯誤或無知
所削弱。我們需要知道很多很多的真實——當
然，也要瞭解如何善用真實。

　　這不只是社會的當務之急，這也一樣適用
我們個人。人需要真實來有效地談判協商，來
度過生存不可避免的重重災難和轉機。不管是

什麼能吃什麼不能吃、如何（依氣候條件的事實）穿衣、要住在哪裡（考慮到地殼造構線、山崩雪崩盛行，還有商店、工作和學校的鄰近程度等等資訊）、以及如何做好別人付酬勞要自己做的工作、如何養小孩、怎麼評斷眼前眾人、他們能夠達到什麼、他們想要達到什麼，以及其他無限多種平凡但攸關生死的問題，人們都需要知道真相。

我們的成敗取決於我們做什麼，因此在一生中，成敗端看我們是被真實所導引，還是在無知中或以虛假錯誤為基礎前進。當然，成敗也十分取決於**我們如何對待真實**。若沒有真實，在還沒開始前我們的運氣就會先到底。

我們真的沒辦法不靠真實而活。之所以需要真實，可不只是因為要瞭解如何活得好，說

到底就是要知道如何活下去。而且，活下去可不是我們能隨便輕忽的事。因此，以最含蓄的說法來講，我們注定要認清真實對我們很重要；也因此（同樣以最含蓄的說法來講），我們就注定要瞭解到，不能允許自己對真實這種信念特質不感興趣。不感興趣可不只是粗心大意的問題。我們很快就會發現，它會造成無可挽回的危機。那麼照理來說，經我們評估後的重要性來看，我們就不能允許自己在許多事物上不要求真實，也不能容忍自己不豁出全力來擁有真實。

# III

# 人無法不愛真實

然而，人們可能會問：從什麼時候開始，**講理**變得如此至關重要？我們人類忽視並逃避理性需求的才能，可以說是強到惡名昭彰（而且還一再展現）。那麼，到頭來我們怎麼可能會尊重並同意「認真看待真實」這種理性命令？

在我們急著不相信自己之前，讓我帶你一起來討論十七世紀一位葡萄牙／荷蘭／猶太裔卓越哲學家——巴魯赫·史賓諾沙（Baruch Spinoza）的關鍵（而且我希望是有用的）思想。史賓諾沙堅稱，不管我們享不享受、滿不滿意或者愛不愛這裡討論的幾種理性，那幾種理性都會**強加**於我們身上。不管我們喜不喜歡，我們就是**無法不**向它屈服。就史賓諾沙對這問題的瞭解來看，我們是受到**愛**的驅使而這麼做的。

　　史賓諾沙如下解釋愛的本質：「愛不是別
的，它是一種伴隨『外部』概念而來的喜悅」
（《倫理學》第三部，命題13附釋）。至於
「喜悅」，他則定義為「一種熱情，藉由追隨
這股熱情（個人）將通往更完美之境」（同
上，命題11，附釋）。

　　我猜，許多讀者會覺得這些晦澀的格言不
太吸引人。它們的確晦澀難解到令人生畏。此
外，就算先不談這個阻擋人們活用史賓諾沙思
想的障礙，有人可能會想先問一個並非不合理
的問題：他有什麼資格針對愛來發表權威言
論？畢竟，他沒有小孩，而且終身未婚，而且
他似乎從未有過穩定交往的女友。

　　當然，除非要質疑他在浪漫之愛、婚姻之
愛和親情方面的權威，這些私人生活細節才會

跟問題有合理關聯。然而,史賓諾沙寫到愛的時候,實際想的都不是這些。事實上,他特別沒去想的,就是任何一種必須要有一**個人**作為對象的愛。讓我嘗試解釋我相信他確實在想的事情。史賓諾沙確信,每個人都有一個基本的本質,會在自身存在的期間內持續奮力實現並存續。換句話說,他相信每個人都潛藏一股與生俱來的動力,想要成為自己最本來的模樣並維持下去。當史賓諾沙寫到「藉由追隨這股熱情,(個人)將通往更完美之境」,他指的是一種由外部(因此是一種「熱情」——換句話說,不是因自身行動而發生的改變,而是與他所**順服**之物有關的改變)來擴大個人的生存能力,並實現個人重要本質的發展能力。每當一個人達成目標的能力有所增加時,都伴隨著生命力的強化。這人就會意識到更加活躍的擴張能力,使他成為自己最真實的模樣並維持下

去。結果是，他更加完整地認識自己，並且感
覺自己更完整地活著。

　　史賓諾沙假設（而我認為這樣夠合理），
這種強化生命力的經驗——意識到一股用來實
現並維持一個人真正本質的能力正在擴大——
本質上令人振奮。這種振奮或許可以和人們常
體驗到的一種振奮相比較——即進行痛快的體
能運動，更劇烈運用自己的肺部、心臟和肌力
時，伴隨而來的那種振奮感。當人進行劇烈運
動時，通常會感覺到自己比運動前更徹底鮮明
地活著；還沒開始運動時，他們不會那麼直接
察覺到自身的能力，自己也不會那麼活力充
沛。我相信，當史賓諾沙說「喜悅」時，心理
想的就是這類體驗；我認為在他的理解中，喜
悅是人擴大其「活著且持續生存」的力量的感
覺，符合一個人最真實的本質。

　　那麼，如果一個體驗喜悅的人，認清了喜悅有個特定的外部因素存在——也就是說，如果這人把某人或某物認定為自己**虧欠**喜悅的對象，以及他的喜悅所**仰賴**的對象——史賓諾沙相信，這人便不可免地會**愛**那個對象。這是他所瞭解的愛的模樣，即我們回應自認能帶給我們喜悅之物的方式。那麼，在他的說明中，人會不可抵擋地愛上被他們認為是自身喜悅泉源的東西。他們會總是愛上他們相信能幫助他們持續存在，並且讓他們更徹底認識自己的那個對象。在我看來，史賓諾沙至少在這邊說對了。許多愛的典範確實都（多少直接地）展現出他所定義的模式：人們確實有種傾向，會愛上覺得能幫助他們「找到自己」、發覺「自己真實面貌」，並在不背叛或不妥協於自身本質的情況下，幫助自己成功面對人生的對象。

　　史賓諾沙在他對「愛」的必要本質的說明中，加入一個關於愛的觀察，同樣看起來相當精準：「有愛的人，必然會奮力使他所愛之物存在並加以保護」（第三部分，命題13附釋）。<sup>*</sup>顯然，一個人所愛之物必定對那人來說很珍貴。他的生命，他從所達到的個人真實性中得到的持續快樂，全都仰賴於此。因此，他自然會花心思保護它們，並確保它們一直都在手邊。

　　史賓諾沙相信，從這點看來，人們無法不愛真實。他認為，人們會這樣難以自拔，是因為他們無法不承認，自己能活著、能瞭解自己、能徹底合乎本性地度過生活，真實都不可或缺。若在個人本質、特定能力與需求、以及

---

* 譯注：查《倫理學》原文發現，此文出處為「命題13附釋」，作者誤寫為11。

「為了生存和繁盛可獲得所需的資源並正確使用」等方面都得不到真實的話，人們會很難存活。他們甚至會無法替自己設定適當的目標，更別說有效地朝那些目標前進了。事實上，他們會無助到無法讓自己撐下去。

因此，史賓諾沙堅稱，一個鄙視真實或忽視真實的人，必然會是一個鄙視或忽視自己生命的人。這種對自己懷著敵意或漫不經心的態度十分罕見，而且很難存續。因此史賓諾沙得出的結論是，幾乎每個人——每個重視且在乎自己生命的人——不管知不知情，都會喜愛真實。就我所見的範圍來說，史賓諾沙在這一點上大致是正確的。實際上，不管我們是否有所察覺，我們確實都喜愛真實。而且，如果我們承認「有效處理生命難題」會帶來什麼，我們甚至沒辦法不愛上真實。

# IV

# 真實的實用性

目前為止，在我對真實的討論中，我處理的基本上是實用主義的考量；也就是結果性或功利主義的考量。此外，這種考量是「**分配性**」地去瞭解真實——即提到真實時，不是在討論某種本身就可以被界定並解釋成一種「獨自存在的現實」的神祕實體，而是在談一種屬於（或者「分配於」）任何個別陳述內的特性，而且是一種只有在描繪某個真實陳述的特質時才會遇上的特性。而我在處理的這個考量，是關乎真實在「促進成功的設計，以及人們追求社會或個人的抱負與活動」方面的眾多**益處**。而那些真實之所以有益，就因為它們**為真**。這種效用是真實的一個特色，很容易領會，很難被忽視，而且任何通情達理的人都不太可能否認。它為「人為何要在乎真實（為何要在乎為真的特性）並把真實看得很重要」提供了最明顯也最基礎的理由。

我們再努力向前一小步。我們或許可以藉
由思考一個問題，來把我們對於「真實的重要
性」的評價再擴大。在我們開始思考真實顯而
易見的實用效益時，這個問題會以各式各樣的
形式自然浮現。真實是怎麼擁有這種效益的？
「它們是真的」的事實，和「它們有那麼多實
際價值」之間的解釋性關聯是什麼？就此而
言，到底真實為什麼重要？

————

這問題不難回答。至少，不難看出如何**開**
**始**回答這問題。當我們積極忙於生活時，或者
當我們企畫並管理各種實際事務時，我們就是
在解決現實（*reality*）（這所謂現實的一部分
是我們自己創造的，但大部分不是）。我們努
力的結果——以及那些結果對我們而言的價

值——至少有一部分要看我們正在處理的「實
際對象與事件」的特性。不僅要看那些實際
對象和事件的模樣、瞭解它們多符合我們的利
益,同時,有鑑於它們的因果關係,結果也要
看它們怎麼回應我們的作為。

　　真實若擁有工具價值,那麼理由就是因為
捕捉並傳達了這些現實的本質。真實會有實際
效用,是因為我們行動時必須處理實際對象和
事件,而真實就包含了(也因包含而能提供)
針對實際對象與事件之特性(特別是包括因果
力和因果可能性)所做的準確紀錄。

　　我們得擁有足夠的相關資訊,才能抱著對
成功的合理期待來充滿自信地行動。我們需要
充分知道自己在做什麼,需要知道沿途可能會
浮現什麼難題和轉機。「充分瞭解」在此指的

是，充分瞭解那些與我們眼前的計畫和考量有
重大關聯的事實——也就是現實。換句話說，
是指「盡可能知道關於那些現實的真實，好讓
我們睿智地做出規畫並達成目標」。

當我們領略了這些真實——即認清了它們
是真實的時候——我們也就因此領會到，目前
對我們而言特別重大的世界那些面向實際上長
什麼樣子。這讓我們能夠評估自己真正擁有什
麼機會，評估自己面對的是怎樣的危機和風
險，並評估什麼才是我們該有的合理期望。換
句話說，它讓我們得以（至少在某種程度以
內）知道解決辦法。

在此，適切的事實是「它們是什麼」，無
關乎我們相信它們的什麼，也無關乎我們希望
它們是什麼。的確，這就是事實性，也就是

「為真」的本質和關鍵特質：「現實的特性」
就是其本身，因此而來的「這種特性的真實」
也是其本身，都獨立於我們意志所為任何直接
或立即的控制。我們光靠進行評價或者欲望衝
動都不能改動事實，也不能影響事實的真相。

　　我們瞭解真實的程度，讓我們處在行為會
被現實本身的特質以權威方式引導的位置上。
事實——現實的真正性質——是「探究」一事
最終且無可爭辯的源頭。事實支配並支持一個
最終決定性的解答，並反駁所有不確定性和懷
疑。當我年紀還小時，（在我的感覺中）許多
大人強迫我接受亂七八糟一大堆不合理的概念
與信仰，常常使我備感壓迫。就記憶所及，我
自己對於真實的專心致志，起於一種令人感到
自由的信念：一旦領會了真實，我就不會再因
任何人（包括我自己）的猜測、預感或期待而

錯亂煩擾。

若我們能夠領會我們所需知道的真實，我們便可以針對我們所希望發生的結果，以及各種行動進程可能導致的結果，發展出合情合理的判斷。這是因為我們那時多少已能察覺自己在處理什麼，也因為我們知道，當我們遵循了這條或那條行動路線時，涉及其中的對象和事件將會怎麼回應我們的行動。在世界的某些地方，我們會因此能比較放鬆自在地任意行動。我們知道什麼是我們環境中的重要成分，知道去哪裡找到它們，而且我們可以自由地調動位置而不會撞上東西。在世界的那個區域裡，我們可以開始——可以說是——像在自己家裡一樣自在。

不用說，我們發現自己的這個「家」，可

能不是個非常吸引人的場所。地面上可能到處
都是恐怖的圈套和陷阱，它要我們去面對的現
實可能既危險又醜陋。我們實在無法全然自信
地面對等待我們的這一切，反而會對自己能否
成功度過這一切感到信心全無，甚至沒信心能
活過這一切。

　　有些人會勸告我們，可能會有非常恐怖的
現實，或者太令人沮喪洩氣的現實，我們最好
什麼都別知道。然而在我的判斷中，去**面對我
們要處理的事實**，一定比維持無知狀態來得有
利。畢竟，蒙上眼不看現實一點也不會降低事
實的危險和威脅；而且，如果我們可以逼自己
直視事物，就保證更有機會能成功解決現實存
在的災禍。

　　我相信，這不僅適用於外部世界的現實，

也同樣適用於我們內在的真實傾向與性格。我們需要認清自己真正要的是什麼、什麼最能徹底讓自己滿意，以及怎樣的焦慮最會頑強阻擋我們表達自我。要達到自知之明的境界無疑相當困難，而關於「我們是什麼」的真相也必定會讓我們感到痛苦。然而，在我們成功經營自身生命的努力中，準備好面對自身的煩擾現況，可能會是比「僅僅充分瞭解我們在外部世界正面臨什麼」還要更關鍵的資產。

沒有真實，我們要不對事物毫無看法，要不就有著錯誤的看法。不論前者後者，我們都不知道自己處在哪種情況。不論是周遭世界還是自己身上，我們都不曉得發生了什麼事。就算我們對這些問題有什麼相關的信念，那也都會是錯的；而假的信念自然無助於我們有效處理問題。或許在短時間內，我們可能會幸福地

無知或**欣然地**受騙,在那樣的情況下,儘管周圍仍然有那一切的困難在危及我們安全,我們還能暫時避開特別煩亂或困擾的處境。然而到了最後,我們的無知和假信念只會讓情況變得更加糟糕。

當然,無知和錯誤的問題在於它將我們拋棄在黑暗中。缺少了我們需要的真實,能夠引領我們的,就只剩下我們無用的疑心或幻想,還有別人沒完沒了又不可靠的意見。因此,當我們計畫行動時,我們頂多只能拮据地使用各種資訊匱乏的猜想,然後害怕地指望結果是好的。我們不知自己身在何處。我們在盲目飛行。我們只能在極度不確定中前行,一路瞎子摸象。

這種不動腦的瞎摸或許可以管用一陣子。

然而，最終它不可免地會讓我們一路跌撞到麻煩裡去。我們瞭解得不夠多，就無法避開或跨越我們必然要面對的障礙和危險。的確，我們注定會對它們渾然不覺，等發現時已經太遲。當然，屆時我們只能靠著承認自己已經落敗，來知曉它們的存在。

V

表現得理性

在古早的定義中，人類是理性的動物。理性是我們最特殊的屬性。它讓我們打從根本與其他所有動物不同。此外，我們還有一種強烈的傾向，認為我們的理性讓我們優於牠們，而且我們還說服自己說，確實有一些具說服力的理由可以讓我們這麼認為。不管怎樣，這就是我們人類最堅持也最固執引以為傲的特點。

然而，如果我們不承認真偽之間有差別，我們就一點也不應當自認以理性運作。「表現得理性」，基本上就是能夠適切地對理由有所反應。這麼說吧，理由是由事實構成的：正在下雨的事實，構成了一個理由（當然，不一定是一個無可置疑的決定性理由），讓下雨區域內希望保持乾爽的人攜帶雨傘。任何同時瞭解「雨是什麼」及「傘是用來做什麼」的明理之人都會認清這個事實。同樣的道理換個稍微不

同的說法：某地正在下雨的事實，意味著有個
理由讓區域內的人們如果不想淋濕就得帶傘。

只有當真正存在「某特定地區在下雨」的
事實時——即只有「該地區在下雨」這段陳
述為真的時候，事情的事實或者相關的陳述
才能給人一個帶傘的理由。假的陳述不會為
任何東西提供理性支援；它們沒辦法給任何
人有效的理由。當然，一個人可能會藉由提
取（換句話說，演繹）假陳述的含義——也
就是呈現出**如果**那些陳述其實是真的**而不是**
假的時，那些陳述**會**佐證怎樣的結論——來
展現他的精湛本領。這樣展現演繹推理的靈
活力量，可能會是一項很有趣甚至令人印象
深刻的行動；但也可能導致做這行動的人抱
持一種不實在且空洞的虛榮。然而，在一般場
合中，這不會有多少意義。

那麼，真實和事實的概念對於「在理性行為中灌輸有意義的實質」就不可或缺；甚至在瞭解理性本身的概念時也不可或缺。沒有它們，概念就沒有意義，而理性本身（不論它們在這種貧乏的條件下還能會變成什麼樣子）會沒什麼用處。如果我們不把自己當成是認清「我們若要獲得相信（或不相信）各種事物及採取（或不採取）各種行動的理由，事實以及關於事實的真實陳述都不可或缺」的生物，我們就不能把自己想成是「本身的理性就賦予我們一種顯著高過他者的優勢」的生物（說到底，我們根本就不能把自己想成是理性生物）。如果我們不尊重真偽之間的差別，我們倒不如乾脆跟我們吹噓過頭的「理性」分道揚鑣算了。

# VI

# 關於信任

真實的概念和事實的概念之間，很明顯有
著密切關聯。每個事實都有一個相關的真實陳
述；而每個真實陳述都和一個事實相關。真實
的概念和信任與信心的概念也有密切關聯。當
我們思考「truth」（真實）這個詞和有點古早
味的「troth」之間更明顯的相似處時，這種關
係就會以詞源的方式揭露出來（若有人提及詞
源學，常常就是在預告屁話的降臨；但請容忍
我多講這幾句，或者如果你樂意的話，自己去
查查看）。

雖然它已經不是當今用詞，但我們確實還
是普遍在訂婚（betrothal）儀式以及婚禮中男
女進行的「互誓忠誠」（pledge their *troth*）中
瞭解那個詞的意義。當一個人向另一人發誓要
*troth*時代表的是什麼意思？這代表的是向對方
保證**真實**。這兩個人各自向對方承諾，會履行

各種由道德風俗所約定的期待和要求。每個人都給對方保證，說自己是讓人有信心能**相信為真**的人；至少，可以履行那些特定的要求和期待。

當然，人們互信的重要性，並不是只有在訂婚或結婚的脈絡裡。一般來說，人們得要有足夠程度的信心相信他人大體上可信賴，如此各種五花八門的社會關係和商業關係才能有效且和諧地運作。如果人們普遍不誠實可信，和平而有生產力的社會生活就會受到威脅。

這打動了一些哲學家，促使他們熱烈地強調，說謊在暗地裡徹底打擊了人類社會的凝聚力。舉例來說，伊曼努爾‧康德（Immanuel Kant）就宣稱「沒有真實，社會交流和對話就*毫無價值*」（出自《倫理學講義》）。他並主

張，因為說謊這樣威脅了社會，所以「一個謊言總是傷害其他人；就算不是哪個特定的人，還是會普遍傷害所有人類」（出自《論出於利他動機而撒謊的假設權利》）。米歇爾・蒙田（Michel Montaigne）做出類似主張：「我們的交流只藉由字詞進行下去，在字詞上作偽的人是社會的叛徒」（出自《論說謊》）。「說謊是一種應受詛咒的邪惡。」蒙田如此宣稱。接著，他以更不尋常的強度繼續針對主題補充：「如果我們真正認清了……（說謊）的恐怖與吸引力，我們就應該以超越一切犯行的堂堂正正來施以火刑」（出自《論說謊者》）。換句話說，說謊者——罪孽高於一切的犯人——活該要被堆柴燒死。

蒙田和康德說得確實都有道理。但他們誇大了。有效的社會交流並不像他們提到的那樣

**絕對**要靠人人講真話來存在（和我們說「呼吸作用**絕對要靠**氧氣，沒有就**萬萬不能**」不是同一回事）；對話也不會因為人們說謊而失去**所有**價值（有些真實資訊可能會藉由說謊而顯露，而對話的娛樂性甚至可能會增加）。畢竟，世界上各種說謊和不實陳述的總量（難以計量的屁話洪流不過是其中一部分）十分龐大，然而不知怎麼地，有生產力的社會生活還是成功延續下來。儘管人們常試圖犯下說謊等等的欺騙行為，但這樣的情況並不會讓人完全無法從共同生活和互相對話中獲益。這只意味著我們得要小心提防就是。

只要我們合理相信，自己有可靠的能力來區分「人們對我們做出不實陳述的場合」以及「人們直率面對我們的場合」，我們就能成功跨越充滿虛假和欺騙的環境。那麼，只要我們

有正當理由來擁有某種程度的自信，我們就不一定得要對他人的真誠抱持全面普遍的信心。

無可否認地，我們相當容易被矇騙。此外，我們也知道情況就是這樣。所以，我們要靠著察覺他人欺騙意圖的能力，來獲得一個安心且有道理的信任並將其維繫下去，就不是很容易了。出於這個理由，如果人們普遍且肆無忌憚地不尊重真實，社會交流的確會遭受嚴重干擾。然而，我們保護社會不受此干擾所得到的利益，並不是我們必須要在乎真實的最基本理由。

當我們遇到對我們說謊或以別的方式表達他們漠視真實的人，我們傾向於感覺憤怒不快。但我們的這種反應，並不像蒙田和康德推斷的那樣，是因為擔心我們遇上的謊言正威脅

或拖累社會秩序。我們主要的顧慮顯然不是**公民**層面的顧慮。我們遇到騙子的時候，最立即出現的反應並非**公民精神**，而是比較個人層面的東西。多數情況下（或許除了人們對直接涉及重大公眾利益的事情做出不實陳述之外），「**騙子對整體福祉可能造成的損傷**」令我們不悅的程度，遠低於他們對我們個人做出某種行為後的不悅程度。會激起我們反感的（不管他們是否打算用什麼方法背叛全人類），是他們著實傷害了我們。

# VII

## 說謊如何傷害我們

　　謊言**到底**是怎麼傷害我們的呢？其實就如人人所知的那樣，在許多熟悉的情況中，謊言根本沒有真正傷害到我們。有時候，它們整體看來甚至是有益的。舉例來說，當人們（包括我們自己）沒能因為察覺到某些情況而有所獲得，以及當我們察覺到這些情況會讓我們或他人嚴重苦惱時，一個謊言有可能會以某種方式保護我們，讓我們對該情況無法察覺。又或者，一個謊言也許能使我們轉向，而不去動手做某個吸引我們但其實到頭來弊多於利的計畫或行動。考量過各方面後，我們確實得承認，有時候別人對我們說謊對我們其實有幫助。

　　即便如此，那種時候我們通常還是會感覺，那個騙子還是**有做什麼**不好的事。在那種情況下，我們感謝謊言或是合理行為。然而，無論謊言最終成就了什麼善事，我們基本上還

是相信，如果能堅守真實、不求助說謊來達成有益的效果，那還是會比較好。

說謊最不可磨滅的壞處，就是它們意圖妨礙並損害我們為了理解事件真實狀態、自然而然會付出的努力。謊言被設計成不讓我們清楚真正發生的事。說謊者在說謊時試圖誤導我們去相信不同於事實原貌的事情。他試圖把他的意志強加於我們之上。他企圖引誘我們接受他的重組之物，將其視為一個世界真實樣貌的準確描述。

只要他成功了，我們就會獲得一個源自他想像的世界觀，而非直接基於相關事實而可靠的世界觀。一旦我們對所居世界的瞭解是被謊言塑造的，那個世界就是想像世界。或許會有比那更糟的地方，但這個想像世界絕非我們能

永久安居的地方。

　　謊言是設計來毀壞我們對現實的理解。所以它們是以非常逼真的方式，意圖讓我們抓狂。我們一旦相信謊言，心智就會被騙子為我們捏造的虛構、幻想和假象所占據和宰制。我們接受為真實的，是一個其他人用任何直接方式都看不到、碰不到、體驗不到的世界。因此，相信謊言的人會被那謊言所束縛，活在「他自己的世界」裡——一個其他人進不來的世界，甚至連騙子本人都不真正住在那裡面。因此，就謊言受害者實際被剝奪的程度而言，他等於是被阻擋在普遍經驗的世界大門之外，並被隔離在一個其他人都找不到途徑去追隨的幻覺領域內。

　　那麼，「真實」和「在乎真實」與我們息

息相關的地方，就不只是影響我們平凡的實際
利益，而是還有更深沉且更具破壞力的意義。
當代最有價值的詩人亞卓安・芮曲（Adrienne
Rich），替說謊對說謊者本人的必然害處——
先不論對聽到謊言的人有什麼傷害——提供了
一段描述。她以詩人的精準，觀察到「說謊者
過著一種寂寞難言的生活」（〈女人與榮譽：
關於撒謊的筆記〉，出自亞卓安・芮曲《謊
言、秘密與沉默》）。寂寞會難言，正因為說
謊者無法在不揭露自己說謊（因此又說了謊）
的情況下，洩露自己是寂寞的——沒有任何人
與他同在他所捏造的世界裡。他藏起自己的想
法，假裝相信自己不相信的事，別人也就不可
能全面地與他聯繫。他們沒辦法根據他的真貌
來與他互動。他們甚至察覺不出自己沒辦法做
到這一點。

　　說謊者根據他說謊的程度，拒絕讓自己被人所知。這對他的受害者來說是種侮辱。這自然而然會傷害他們的自尊。因為這等於是不讓受害者接觸那種多少被視為理所當然的、人類親密的基本模式：那種存在於「瞭解另一個人在牽掛惦記著什麼」之中的親密感。

　　在某些例子中，芮曲注意到，謊言有可能導致一種更深刻的損害。「發現某人曾在私人關係中說謊，」她說，「會讓人覺得有點抓狂。」（出自《謊言、秘密與沉默》）她的觀察依舊很透徹。當我們和我們不認識的人相處時，我們多少得對他的可靠性做一些審慎評估，好讓我們確定他跟我們說的話符合他真正相信的；此外，這種評估通常只適用於他的某些特定發言。另一方面，面對我們的親密友人，上述這兩種評估條件通常都會放寬。我們

會假定我們的朋友會忠於我們，而我們很會把
這視為理所當然。習慣上他們說什麼我們都相
信，而我們會這麼做，並不是基於計算來確立
他們當下正在告訴我們實話，而是因為他們令
我們感到自在安全。就像我們很熟悉的說法：
「我們**就是**知道他們不會跟我們說謊。」

　　面對朋友，人會很自然會期待靠近和親
密。這不是基於計算過的判斷，而是存在於
我們的感受之中——即存在於我們主觀的經
驗裡，而非存在於任何基於相關客觀資料的智
慧評估。說我們傾向信任朋友是一種必然天
性，可能有點太過頭。但說「相信朋友已成了
我們的『第二天性』」（我們有時真的會這樣
說），倒是滿適切的。

　　這就是芮曲觀察到的、發現一個朋友欺騙

我們為什麼會讓我們有點抓狂的原因。發現
這情況，向我們揭露了關於**我們自己**的一些
事——一些比起僅僅是「我們算錯了」或「我
們的判斷犯了錯」還要嚴重令人不安的事情。
它揭露的是，我們**自己的天性**（換句話說，
我們的**第二天性**）是不可靠的，居然引導我們
去信任某個一開始就不該信任的人。它揭露
的是，實際上我們不能對自己區分真偽的能
力——換句話說，就是認出真假之間有什麼差
別的能力——帶有自信。不用說，成功欺騙一
個朋友，當然意味著說謊的那人有錯。然而，
那同時也顯示了騙局中的受害者也有缺陷。說
謊者背叛了他，但他也被自己的感受所背叛。

　　自我背叛關乎瘋狂，是因為它是非理智的
一個特徵。理性的核心是前後一致；而行為或
思想上若要前後一致，涉及至少要持續下去以

免適得其反。亞里斯多德主張，一個行為者只要讓行為遵守「中庸」──也就是遵守一個介於過量和不足的中間點──那麼他就是在理性行動。假設為了保持良好健康，某人遵循了一個太過貧乏或是過於放縱的飲食法，導致他不只**無法更健康**，實際上還使他變得比之前**更不健康**。亞里斯多德強烈主張，這人背離中庸的**不理性行為**，就存在於這種個人目的上的失敗和自我背叛中。

　　**邏輯**不連貫也會以類似的方法破壞智能活動。當一條思路產生一個矛盾的時候，它更進一步的闡述就被擋住了。心智不管往哪個方向轉，都會轉回頭：它必須證實已被駁斥的東西，不然就得否認已被證實的東西。因此，就像會阻撓自身目標的行為一樣，矛盾思考因其適得其反而屬於不理性。

　　當一個人發現，某個他自然而然有信心覺
得可靠的人居然跟他說了謊，他便會發現，他
不能仰賴自己熟悉自在的信任感。在他努力辨
認哪些人可以令他放心的時候，他看出自己被
自己天生的傾向所背叛了。這些天生傾向使他
失去了真實而不是獲得真實。他「可以依據自
己的天性來引領自己前進」的這種假設，最終
證明是適得其反，也因此是不理性的。既然他
發現他出於天性地脫離了現實，他大有可能覺
得自己有一點點瘋狂。

# VIII

## 對於謊言的協議

　　不管芮曲對「私人關係中的說謊」的想法
看起來有多尖銳、多啟發人心，這問題（當然
幾乎和其他每個問題一樣）還是有另一面。另
一位美好的詩人——事實上搞不好是最偉大的
詩人——對此有完全不一樣的說法。以下是莎
士比亞迷人又引人深思的十四行詩第138首：

　　　　當我的愛發誓她純然真實，

　　　　即知她說謊我仍相信她，

　　　　或許能令她以為我少不更事，

　　　　不熟悉這世上的虛假妙處。

　　　　如此虛情認定她以為我年輕，

　　　　即便她知道我已過盛日，

　　　　我也就傻傻信了她說謊的唇舌：

　　　　於是雙方都隱匿了單純真相：

　　　　但為何她不說她不真？

　　　　而為何我不說我已老？

啊！愛情最好的癮就在看似信任，

而愛裡的年紀，不愛被說出歲數：

因此我騙著她，而她和著我，

在過錯裡藉謊言粉飾著彼此。

有個廣為接受的信條是，愛人們必須信任彼此。莎士比亞對此存疑。他以十四行詩寫下的觀察結果是，愛人們最棒的一點——「愛情最好的癮」——其實不是**真正地**信任。他主張，僅僅「看似信任」就已經夠好，有時候甚至還更好。

莎士比亞詩中的女人宣稱自己徹底真誠——她「發誓她純然真實」——然而她帶著欺騙的態度，假裝相信那男人比她所知的還年輕。那男人知道她不真正相信這一點，但他決定接受她自稱真誠的這種行為。所以他讓自己

覺得,她真的相信他對她說的年齡謊言,認為
他比他實際年齡還年輕。

　　在「自己有多誠實」及「相信他對自己年
齡的描述」這兩件事情上,她對他說了謊。在
「自己年紀多大」及「他接不接受她把自己表
述成徹底誠實」這兩件事上,他對她說了謊。
他們兩個都知悉一切:雙方都知道另一人在說
謊,也都知道他們自己說的謊沒被對方相信。
然而,雙方都帶著欺騙的態度,假裝去相信對
方都直率到完美無瑕。這一整組的謊言,讓這
兩位在「看似信任」底下合一的愛人相信,他
們講起自己時那些自我粉飾的謊言——謊稱自
己無比誠實或者年輕動人——都被對方接受
了。因此,像這樣對彼此說謊後,最終他們得
以幸福地在一起說謊。

　　我先前主張，說謊有一部分錯在說謊者藉由否決別人獲取他心裡真正想法，阻絕了一種普遍假定存在的人類親密性基礎模式。那樣的阻絕想必不是莎士比亞描寫的這種情況。他那十四行詩裡的情人，不只知道對方心裡在想什麼，也知道彼此背地裡還想著什麼。他們各自都知道另一個人真正的想法，而且知道對方知道以下這件事：他們對彼此撒下了瞞天大謊，但雙方都沒被騙到。他們都知道對方在說謊，也都察覺到自己的謊言已被看穿了。

　　兩位愛人實際上並沒有受到任何懲罰。兩人都很清楚，在他們各自策畫、層層相映的連番有意欺騙中，實際的情況到底是什麼。每件事對他們來說都是令人放心地一目暸然。兩位愛人因為意識到他們的愛並沒有被他們的謊言所損害而感到安心。藉由他們聽到的所有謊

言，以及他們自己說的所有謊言，他們可以知道，就算有天真相大白，他們的愛還是會留存下來。

我的猜想是，因為認清了彼此的謊言，也因為知道自己的謊言沒有成功地騙到人，對彼此說謊的愛人所共享的親密感會特別深刻且有樂趣。他們達到的親密感散布在他們暗中特地花了極大心力去隱藏的各個角落。然而，儘管有這一切，他們還是認為他們看穿了彼此。他們各自的隱藏角落也都被看透了。他們各自實現的「彼此都占據了對方又被對方占據」，以及「這種對彼此謊言的相互看透，不可思議地讓他們的欺騙行為達到愛的真諦」，想必甜美無比。

一般來說，我不建議也不寬恕說謊行為。

在大多數情況下,我全力支持真實。儘管如此,如果你有信心可以把自己騙到像莎士比亞在那十四行詩裡描繪的情況,那我給你的建議就是:衝吧!

# IX

# 真實賦予個人的獨特性

當真實被（照它原本的樣子）分開來理解時，就有了工具價值。畢竟，有用的是確切而個別的真實。當工程師陳述有關材料抗拉強度和彈性這類內容時，或者當醫師陳述（好比說）白血球細胞計量的相關內容時，或者天文學家描述天體軌道，以及各種如此這般的情況時，真實的實用價值就會表現出來。

這些真實的尋求者和利用者，沒有哪一個一定會按字面那樣地涉及真實。他們首先在乎的是個別的事實，以及這些事實可能支持的推斷結果。他們不需要為此去在乎事實性或者真實的抽象概念。他們好奇的是涉及「屬於某一特定問題領域之事實」的真實。他們在特別感興趣的特定主題內獲得一組認為是真實（且因此有效）的信念後，好奇心就會獲得滿足。

　但如果是和我先前所提出、較常見的「涉及個別真實的價值」的主張有所不同的「**真實本身的價值**」，又有什麼可以談的呢？首先，我們先來弄清楚，當我們詢問「真實本身的價值」，或者詢問我們有什麼理由要按**真正的定義來**在乎真實時，我們是在問什麼。的確，甚至在那之前，我們從起初就該先弄清楚「評價和在乎**真實**」到底**有什麼意義**（要具體而且當成一件實際的事情來弄清楚）。不同於「只在乎獲得並利用特定真實」的「在乎真實」，實際上會達成什麼？

　當然，首先，一個在乎真實的人也會去在乎「對特定真實的更深入理解」以及「對特定真實的更廣泛理解」，尤其是那些特別有趣或有可能特別有價值的真實。在乎真實也涉及其他幾件事：在認清和瞭解先前不知道或不清楚

的重大真實時獲得滿足感（或許是付出愛者的特殊喜悅）；渴望去保護我們對於自己持有之真實的評價，避免它們被扭曲或敗壞；還有，總的來說，下定決心在社會裡盡可能去鼓勵一種強而穩健的偏好，一種喜愛真實信念勝過無知、錯誤、懷疑和不實陳述的偏好。我們有太多理由可以去假設，那些投身於各項專業、尋找特定真實的人們，都打從心底共享這些目標。確實，要從這群人中找到一個認為這些目標都沒價值的人實在很難。

無論如何，「在乎真實」在我們的生活中、在我們的文化中，起了一種和「在乎個別真實的累積」相當不同的功用。它擁有一種更深刻、更全面的重要性。它為「我們對事實的好奇心」以及「我們對探索之重要性的全心支持」提供了基礎和動機。就是因為我們充分意

識到真實對我們來說很重要，我們才會把累積
事實當成一回事。

　　我必須承認，講這些跟我反覆重申那套
「真實的實用性」其實效果半斤八兩。然而，
我還有一件事想說。這件事更富哲學意義，而
不只和我們的實際需求與利益相關。

　　當我們遇上那些阻止我們滿足自身意圖的
障礙，也就是當我們履行意志卻遭遇反對時，
我們得以知道我們是這世上單獨的存在，有別
於其他和我們不同者。當我們經驗的某些面向
無法屈從於我們的願望時，當它們反過來不為
我們的利益讓步，甚至和我們的利益相敵對
時，我們就會明確地知道它們不是我們的一
部分。我們認清到，它們不受我們直接且立即
的控制；相反地，它們明顯獨立於我們之外。

那就是我們「現實概念」的起源，而那基本上就是一種關於「限制我們之物」、也就是關於「我們不能僅僅藉由意志運作來改變或控制之物」的概念。

　　一旦我們更詳細瞭解自己怎麼受限，瞭解到我們受限的極限在哪，我們便能畫出我們的邊界輪廓，並因此辨明我們自己的形狀。我們得知自己能或不能做到什麼，也得知要達成實際上我們可能達到的事情時，必須要做出什麼樣的努力。我們知曉自己的能力和弱點。這樣的過程不只是帶給我們一種更強烈的分離感而已，還定義了我們是怎樣的一種特殊存在。

　　因此，我們對我們自身特性的認識與瞭解，便是起於（而且不可或缺地有賴於）我們對「終究獨立於我們存在的現實」的評價。換

句話說，它起於（並有賴於）我們認知到「有著我們無法期望能進行直接或立即控制的事實和真實」。如果世界必定且毫不反抗地變成我們所喜歡或希望變成的任何東西，那我們就無法把自身和有別於自身的一切區分開來，也就對於「我們有什麼特別之處」毫無所覺。我們得要認識到這是一個由堅決獨立的現實、事實和真實所構成的世界，我們才能認清自己是有別於他者的存在，才能明確說出我們自身獨特性的具體性質。那麼，我們怎麼可以不認真面對事實性和現實的重要性？我們怎麼可以不去在乎真實？當然不可以。

專文推薦

# 真實是事實累積的認定，不是無錯推理的訴求

苑舉正（國立臺灣大學哲學系教授）

　　本書作者哈里・法蘭克福在2005年出了一本名為《論放屁（鬼扯）》的書，引發轟動。除了書名令人震撼之外，書的篇幅雖短，但論證有力，是極為成功的哲學書。

　　在這本書中，作者論證講屁話的人，其實是存心要欺騙的人；他們利用語言，當成操作的技巧，希望引導別人相信一些連他們自己都不相信的鬼話。縱使鬼扯經常有用，但作者認為鬼扯是錯誤的。

　　書出版不久，作者就發現說「講屁話是不對的行為」並不夠，因為他忽略了一個更重要的問題：為什麼擁有真實對人生是重要的？

　　對於一般人而言，擁有真實當然很重要，還需要說什麼呢？我們從小不是就被學校教育，講實話比講謊話要好的多嗎？但是這項教育並不是作者要的答案；他希望我們體認，「承認真實」是人生中最重要、最有用，甚至最關鍵的事。

　　問題是，這個教育的核心思想在日常認知與學術討論所得到的答案卻非常不一樣。在日常生活中，我們對於否認真假有嚴格區分的觀念往往採否認的態度；而在學術討論中，證實真理存在卻出現意想不到的複雜。

　　明明我們都能夠認知肯定真實存在的重要性，但在學術討論中，這個重要性似乎是很容易被拒絕的，至少有下列三種態度對於真實存在抱持著否定的態度：懷疑主義、相對主義、虛無主義。

　　很多人懷疑我們有能力將真假之間做一個完美的區分，所以逕自認為，既然無從分辨真假，生活又沒什麼問題，那麼對於真實是否存在抱持懷疑的態度，也是理所當然。當某人宣稱他擁有真理時，他所能夠擁有的證據，不足以證明他擁有足夠的理由說明他所做的宣稱是絕對無誤的。

　　其次，有些人認為，我們認知的真假，其實都是相對於個人的認知，或是相對於社會壓力所形成的。在這些認知下，不同的文化與傳

統會作出截然不同的判斷。因為這個不同，所以我們只能說，它們之間是相對存在的，但重點是，沒有哪種真實是獨一無二的。

最後，還有些人，他們對於分辨真假的態度很虛無，認為真假根本不重要，甚至真假之間也不見得就是一個完全對立的關係。真實與虛假就是我們認知下的結果，然而不但我們認知的結果不足以區分真假，就連事物本身是真是假也不受我們認知的影響。事物為真也好，為假也好，其實差別並不大。

法蘭克福用「後現代學者」這個名詞，形容抱持這三種否定「真假可以區分」立場的學者。在哲學中，「後現代學者」這一個名詞包含的意義很深遠，其中最主要的就是後現代思潮核心觀點：去中心化。這個觀點強調，在任

何情況下，沒有哪種立場代表唯一為真的思
想，可以作為中心。當然，沒有中心思想的結
果，就是打破真假之間的嚴格區別。

　　作者在這本書一開始就指出，後現代學者
本身是矛盾的，因為他們堅持「去中心化」的
觀點，堅持到他們認為「去中心化就是真實」
的地步。然而，實際情況卻是，因為去中心化
的觀點，導致拒絕承認真實存在，而這些學者
卻反而認為，「去中心化就是真實的」；這不
就已經陷入了矛盾嗎？

　　那麼，為什麼有許多人寧願犯下矛盾的錯
誤，也要拒絕承認真實與虛假是很好區分的
呢？主要的原因有下面三點：

一、個人的感受並不足以決定真假的區別。

二、辨別真假的推理非常複雜，甚至不斷否定
　　的結果，導致我們的推理沒有辦法為我們
　　提供清晰的標準，確認真實存在。

三、真實並沒有那麼重要，有時說謊言或是漠
　　視真理，反而會得到快樂的感覺。

　　第一個問題涉及個人的判斷。在這個問題
上，如果說，即使我們承認不能作出真的判
斷，事實上我們也絕不可能無所謂真假。這是
因為沒有人會不在乎自己的判斷所產生的影
響，因為我們總是期待別人的行為像我們所預
期的一樣。否則，如果我們連最起碼的信賴感
都沒了，這導致的下場非常嚴重，不但使得整
個社會失去了真實的價值，還讓所有的人蒙受
極大的危險。

　　其次，在哲學論證上出現的問題就更有趣

了。哲學論證講求的是絕對的真實,所以能坦
然面對所有的論證真實的挑戰。想要一次地用
哲學論證拒絕這些挑戰,是知識論的根本問
題,但至今沒有人能夠解決「真實絕對存在
嗎?」的問題。實際上,作者認為,我們對於
真實的認定是一個常識的認知,而不是一個知
識推理的結果。真實的存在,是事實累積的認
定,而不是無錯推理的訴求。

　　最後,說謊的例子讓作者表現了他的矛盾
感覺。為什麼這麼說呢?最主要的原因是,作
者一方面譴責說謊在任何情況下都是不能被許
可的,卻在另一方面引用文學大師莎士比亞的
一段十四行詩,說明真實的愛情可以建立在謊
言之上。戀愛的雙方,因為彼此瞭解,知道對
方說謊,所以依然享受真實的愛情。對於這個
特殊案例,作者說,如果你能夠達到這種感覺

那就往前衝吧！言下之意，說謊好像也是可以
嘗試的。

但其實作者並不這麼認為；他的態度很堅
決。這個社會有太多人非常明確地否定「真與
假之間有明確的區分」，傾向用模棱兩可的態
度來看待真假問題，但作者的基本立場是：他
並不要求我們能明確無誤地區分真假，但他要
求我們一定要在乎真假。

在乎真假，是作者寫這本書對所有人的期
許。事實上，我們必須要在乎這個世界中所有
事物，都是能透過我們的思考能力、認知能
力、分辨能力，區分真假，作為我們生存與溝
通的基本內容；最重要的事情是，我們要在乎
這個結果。

　　我們必須要承認想像與事實的區別，因為我們這個世界的事實，構成了生命中最關鍵的部分。最重要的是，真實不會因我們透過想像加以改變的。因此，接受真實的情況往往是痛苦的，與我們所想的經常不同，但我們必須在乎真實，因為它為我們帶來進步、繁榮以及正確的發展。

　　這是一本意簡言賅的書，其中內容之豐富，超乎想像，值得一讀再讀。我毫不保留地向國人鄭重推薦本書！

# 是放屁？還是潔癖？
# 那也是個大問題！

吳秀瑾（中正大學哲學系教授）

"There are no facts, only interpretations!"
——Nietzsche
"Plato is dear to me, but dearer still is the truth."
——Aristotle
"One who loves necessarily strives to have present
and preserve the things he loves."
——Spinoza

在哲學界，哈里・法蘭克福（Harry
Frankfurt, 1929~）在1988年集成收錄的 *The
Importance of What We Care About : Philosophical
Essays*，至今仍被廣泛討論與引用。所以，當

受邀為此書（《論真實》）寫推薦文時，就欣
然答應了。心想：哲學大師退休後所寫的哲
學普及書，值得我輩哲學工作者效法外，也
會是社會各界的心靈雞湯。熟讀此「大家小
書」後，才知道陷入了哈姆雷特式的「兩難困
境」——要推薦、不推薦、是個大問題！

先說說反面的「不推薦」吧！

此書是繼暢銷書《放屁》（*On Bullshit*,
2005)之後的續篇，接續前書中對說屁話者們
對於真理漠然無動於衷的不滿，必須向社會
大眾再行仔細分析為何人類文明必須認真對待
真理，所以哲學大師苦口婆心地解釋為什麼真
理如許重要（真理的價值）。可見，法蘭克福
對於當代文明的不滿，是基於後尼采以降從法
國吹來的後現代主義邪魔歪道與群魔亂舞的歪

風。一句話：在法蘭克福看來：反對真理（或曰：沒有事實，只有詮釋）（尼采語），或是反對知識的客觀性（或曰：知識就是權力）（傅科語），都屬於屁話之流，其對於文明生活所造成的威脅，其實勝過了謊言，屁話活脫脫就是「指鹿為馬」的混淆與搬弄是非。難道要說沒有二次世界大戰、沒有南京大屠殺、沒有二二八事件、沒有希特勒的集中營……？自然、歷史、社會……的真實性豈容你說不存在就不存在？真是「是可忍、孰不可忍」！

　　法蘭克福在這本小書中一腔憤怒，透過紙背都可以打到我的心窩，為何呢？因為我的博士論文寫的就是尼采、傅科和布爾迪厄這群被英美分析哲學界視為「邪說異端」的法國左派思想（比如布爾迪厄對於康德審美趣味的社會批判）。所以，就學術研究的旨趣而言，我們

可是彼此「橫眉冷對」的對手，壁壘分明！可為何我會被邀來為此書寫推薦文？這豈不形同於拿磚塊來砸自己的腳！

「要推薦」的理由

想起當年寫博士論文時死K傅科和布爾迪厄的著作，實在是重重障礙、隱晦難明，讀得要吐血外，還很急躁；相對地，我的韓國同學研究史賓諾沙的自然論與美學，看他總是一派淡定、恬然自在，我的好友也如同史賓諾沙般將畢生奉獻給哲學並熱愛哲學，所以凡是熱愛史賓諾沙的哲學家，就會讓我遙想起那些年與摯友的對話。他不喜歡後現代，我也不怎麼欣賞史賓諾沙的自然美，但是哲學見解再分歧，我們是畢生至交，尊重對方頂真的人品，傾聽對方的理解，保持多元與開放胸襟。在《論真

實》這本小書中，法蘭克福就是從史賓諾沙論愛，來說明愛真理就形同於愛自己，也因為自愛的天然本性，每個個體也就會竭盡全力來保護讓自己生長的「真理」；此外，「真理」（truths）不僅僅只是對自我成長有利的好工具，還是本於「真理本身」（truth as such）的固有價值，值得所有人傾畢生之力去愛護與維繫。

當整個社會與教育都瀰漫著新自由主義的商業化模式時，法蘭克福《論真實》就是哲學沙漠中開出的小草，真理不滅、哲學不死！真理除了具有工具利益的萬象外，還有「真理自身」的本色。好比實體——基本粒子、物質——都不會是語詞所指涉的「桌子」。然而，即使桌子的實體（基本粒子）和放眼所見的桌子不同，兩者也不是直接清晰的對應，還

是可以說「這裡有張桌子」為真的判斷是「立基於」（grounded）組成桌子的微觀物理物質特性。

所以，法蘭克福《論真實》這本大家小書寫得深入淺出，既是哲學的入門讀物，也是矛頭分明、左右開弓敲打後現代主義與商業化資本主義。於是乎，在處處以「錢景」來決定人生規劃的社會中，這是一本可以燃起熱愛哲學、追求真理的佳作。此外，在當代打著「沒有事實」、「主體已死」的各式相對主義浪潮中，擁護後現代主義者也該認真來閱讀這本書，勞山道士死活就是不能穿牆（《聊齋誌異》），所以怎麼會沒有事實、真理與其所對應的外在的大千世界？這是好問題，必須要長篇大論來回答！其他熱衷於後現代主義的追風者，也該有各自的見解與回應。

最後，還是要吐槽一下！老先生以《放屁》來劍指後現代主義，但是僅就我所理解的尼采、傅科和布爾迪厄而言，這些思想家個個都認真對待「真理」，因為有「真理」的潔癖，所以才無法接受任何真理大一統的宣稱（大寫T）。

是放屁？還是潔癖？這也是個大問題！

於國立中正大學荊竹園　2020.09.08

# 關於《論真實》的如實陳述

葉浩（國立政治大學政治系教授）

　　本書是哈里・法蘭克福（Harry G. Frankfurt）上一本暢銷書《放屁》（*On Bullshit*）的續集，旨在處理當時未能深究的問題：為何「truth」很重要？如果這不能確定，那我們何必提防政客、名嘴、媒體乃至學者專家的各種胡說八道？更何況，喜歡謊言、謠言者眾，實話、真話也不一定讓人快樂。假話有時候甚至是一種必要，畢竟不是人人都願意承受真相。

　　讀者可能已經皺起了眉頭，因為這開場白

將「真實」、「真相」、「實話」當作可替換的語詞。但是，英文字「truth」還真能指涉這麼多不同的概念，且包括了上面漏掉的一個關鍵意思——真理。

然而作者並沒忘掉，因為本書是以那些否認世上存在「客觀真理」（objective truth）或「客觀真實」（objective reality），或就算存在也不具有客觀價值的後現代主義者作為假想敵來書寫。《論真實》一開始即對這種時下流行的論調提出反駁，強調客觀真實不但存在，而且能如實地陳述它們，對於社會的日常運作極為重要。

接著，作者也主張：追求事實或真相，對於進行價值判斷和擬定行動方針而言是一種必要，且這追求本身就有價值，其結果更能讓人

喜悅；況且，就算逃避真相短時間有效，但事
實終究會掰開人們裝睡的眼睛，甚至狠狠地咬
一口。此外，如實陳述也是社會的信任基礎。
陌生人之間的互動仰賴它，熟人之間少了它則
反效果更大。事實上，也唯有仰賴真相，人們
才能認識自己，確立自己的人生方位並過一個
有意義的人生。

　　聽起來合理明智，不是嗎？那為什麼相較
於一時洛陽紙貴的《放屁》，本書卻遭致不少
批評，甚至有人直指這位哲學家熟悉幹話和廢
話的程度遠過於真理？

　　首要理由在於作者並未提出一個關於
「truth」的明確定義，行文上訴諸了各種工具
性價值，更讓人覺得忽略了真理的內在價值。
對分析哲學家來說，這是敗筆。更何況這本是

為了接續《放屁》留下的伏筆，但卻沒處理好書名中的關鍵概念。有沒有一個「客觀真實」（reality），畢竟不同於「客觀事實」（fact）是否存在，因為後者涉及能否準確且完整地描繪前者，而這還牽涉到語言本身能否承擔此一重責大任。作者似乎再次留下了更根本的問題未解。

或許批評者更在意的是，本書字裡行間其實透露了一組假定：（一）有一個客觀存在的真實；和（二）一種能準確描繪它的陳述方式；以及（三）當陳述和真實完全吻合時就是所謂的真相。這是一種相對簡單的「符應論真理觀」（correspondence theory of truth）。

這種真理觀雖然獲得許多科學家的支持，但並不一定適用於所有領域——例如在藝術價

值或道德判斷乃至針對同一段歷史的理解上。
這正是尼采及現象學家的洞見所在：我們很難
說有一個所有人都能有一樣感受的共同客觀事
實，畢竟同一事物對不同人乃至同一個人在不
同時間點上，可能產生不一樣的理解。例如納
粹屠殺猶太人固然是個事實，但關於為何德國
社會能接受乃至某些猶太長老選擇某種程度的
配合，那就不是這種符應論真理觀能解決的問
題了。更何況，太多人們真正在意的事，根本
無法轉化為一個能以此方式來辯真偽的命題。

　　此外，作者也未能區分涉及因果關係的解
釋（explanation）、關於某事物之意義的詮釋
（interpretation）乃至批評、處方或預測等不
同性質的陳述，及其各自適合的檢測方式和標
準。這也為他提出的具體建議增添了困難，畢
竟我們只有在區別不同陳述的種類後，才能確

認哪些是屬於事實檢驗的部分。但，這建議本身就是一種價值判斷，且實踐起來處處涉及了對事情的詮釋。

弔詭的是，這些批評正好印證了本書所呼籲的對真理的在意。而只要作者並非高舉本書的論點為唯一真理，那我們應當看待這是在意「truth」的一種方法。甚至，倘若我們希望正確地理解本書的論點優缺以及價值判斷之適當與否，再來做出最後的評價，而不是誤把他人的意見當事實來看待，那唯一的方法似乎就是先仔細閱讀本書——不論您在意的是真實、真相還是真理，或單純想從弄清楚一個知名哲學家錯在哪裡所得到的喜悅。

ALPHA 47

# 論真實
**On Truth**

作　　者　哈里·法蘭克福 Harry G. Frankfurt
譯　　者　唐澄暐

總 編 輯　富　察
副總編輯　成怡夏
責任編輯　成怡夏
行銷企劃　蔡慧華
封面設計　莊謹銘
內頁排版　宸遠彩藝

社　　長　郭重興
發行人暨
出版總監　曾大福
出　　版　八旗文化／遠足文化事業股份有限公司
發　　行　遠足文化事業股份有限公司
　　　　　231 新北市新店區民權路108之2號9樓
電　　話　02-22181417
傳　　真　02-86611891
客服專線　0800-221029

法律顧問　華洋法律事務所 蘇文生律師
印　　刷　成陽印刷股份有限公司

初　　版　2020年10月
初版二刷　2021年07月
定　　價　280元

This translation published by arrangement with Alfred A. Knopf, an imprint of The Knopf Doubleday Group, a division of Penguin Random House, LLC.

## 國家圖書館出版品預行編目(CIP)資料

論真實/ 哈里.法蘭克福(Harry G. Frankfurt)作 ; 唐澄暐
譯. -- 初版. -- 新北市：八旗文化, 遠足文化, 2020.10
　面 ；　公分. -- (Alpha ; 47)
譯自：On truth
ISBN 978-986-5524-27-2(精裝)

1.知識論

161                                                       109012940